Hier nun die welterste Compact Cassette:

In den USA wurde die EL 1903 als NORELCO den Recordern beigelegt.

Dieses Buch VINTAGE Teil 2 ist dazu gedacht, alle PHILIPS Compact Cassetten zu suchen, sammeln und aufzulisten, sowie richtig zeitlich einzuordnen. Nehmen Sie ihn mit auf Trödelmärkte und streichen Sie die Cassetten ab, die Sie bereits besitzen.
Eine große Auswahl ist auf Verkaufsplattformen im Internet, etwa Ebay, zu finden.
Stellen Sie dabei die Sucheinstellung auf WELTWEIT.
Gerade in den USA und in Kanada sind Kostbarkeiten zu finden.

 CASSETTE VORHANDEN    CASSETTE GESUCHT

 CASSETTE VORHANDEN    CASSETTE GESUCHT

60 Jahre PHILIPS Recorder EL 3300

alle Compact Cassetten ab 1963

Renate & Uwe H. Sültz

Bücher von A bis Z

Meine Musik-Anlage besteht aus folgenden Komponenten:

_____

_____

_____

_____

_____

_____

_____

_____

SUELTZ Books INTERNATIONAL

Bibliografische Information durch die Deutsche Nationalbibliothek
Die Deutsche Nationalbibliothek verzeichnet diese Publikation in der Deutschen Nationalbibliografie; detaillierte bibliografische Daten sind im Internet über http://dnb.dnb.de abrufbar.

• WORLD'S FIRST! •

PHILIPS EL3300 CASSETTE REC/PLAYER

& TAPE CARTRIDGES (*cassette tapes*)

launched at the Berlin Radio Show 30th August 1963

and in the UK a year later in 1964

Here's something really NEW in tape recording:

CARTRIDGE LOADING

—*exclusive feature of the brilliant new*
PHILIPS BATTERY POCKET TAPE RECORDER

EL3300

Just check these revolutionary features:

The easiest tape system in the world—cartridge loading.

The simplest operation—controlled by one push-button.

The most versatile microphone—use it any one of three ways.

The most useful extra control—remote stop-start.

Battery operation for instant use—anywhere, any time.

Real Leather carrying case—always ready for action.

The first really new tape recorder for years

25 gns COMPLETE

© **Renate & Uwe H. Sültz**
Herstellung und Verlag:
BoD – Books on Demand, Norderstedt
ISBN 9-78375-7-80432-9

Sueltz Books INTERNATIONAL

Wenn Sie eine Cassette erworben haben, überprüfen Sie zunächst die Klebestellen zwischen dem Vorspannband und dem Bandmaterial. Gerade bei geklebten, und nicht geschraubten, Cassetten ist das sehr wichtig! Reißt das Band, droht viel Arbeit.

Hier die zweite Generation der PHILIPS-Cassetten:

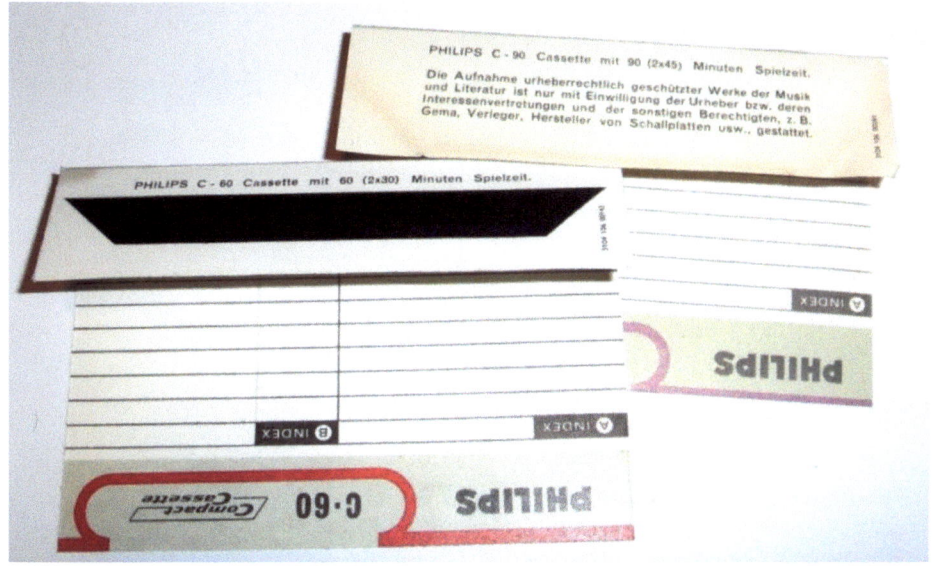

Die zweite Generation gibt es als C 60, C 90 und C 120. Der Aufdruck über das Urheberrecht wurde vom Werk geschwärzt. Kostbar sind die Cassetten mit Schrauben und Muttern, selten die, die für Schrauben gedacht waren, aber geklebt wurden.

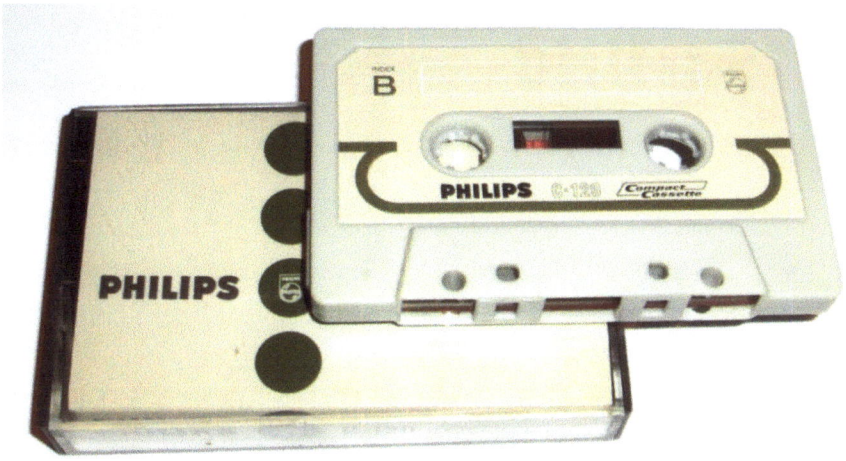

CASSETTE VORHANDEN   CASSETTE GESUCHT

Kontrollieren sollten Sie auch den Andruckfilz. Auch wenn er noch festsitzend aussieht, könnte er bei Benutzung abfallen. Bei Cassetten, die geschraubt sind, werden die Gleitfolien gereinigt und die Abschirmbleche, je nach Material, sowie die Chromstahlachsen, falls vorhanden, entmagnetisiert.

Die zweite Generation kam nach 1965, als PHILIPS die Technologie allen zur Verfügung stellte, auf den Markt. Wir können sagen, von 1966 bis 1971.
Dann folgte die nächste Generation.

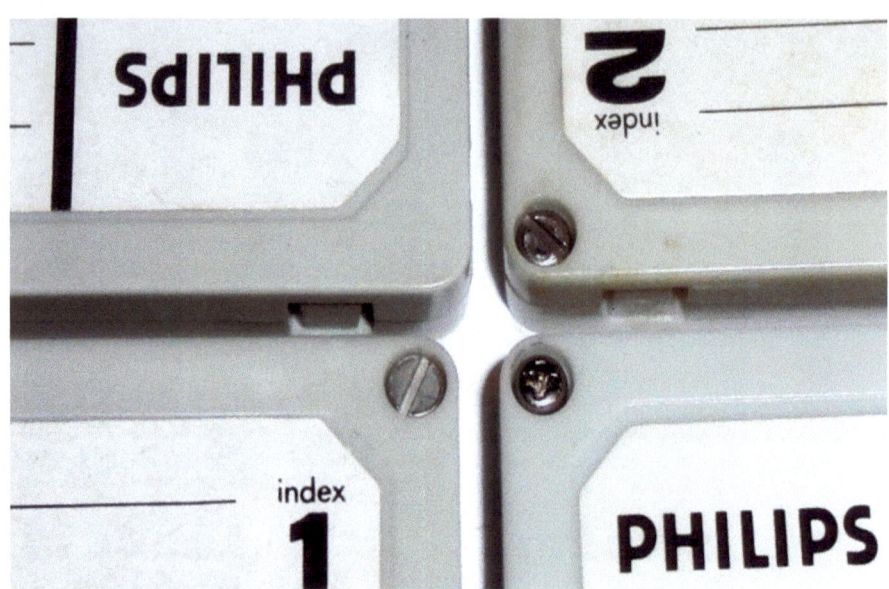

 **CASSETTE VORHANDEN**

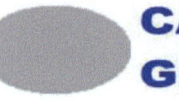 **CASSETTE GESUCHT**

In dieser Cassetten-Generation ist auch die erste PHILIPS-Chrom-Cassette zu finden. 1970 stellte AGFA als erster Hersteller in Deutschland eine Chromdioxid-Cassette vor, die Stereo-Chrom. Während die Cassetten von AGFA und BASF immer noch in großen Stückzahlen zu erhalten ist, ist die PHILIPS-Chrom sehr gesucht.
Natürlich sollte die AGFA ohne SM in einer Sammlung nicht fehlen!

 **CASSETTE VORHANDEN**    **CASSETTE GESUCHT**

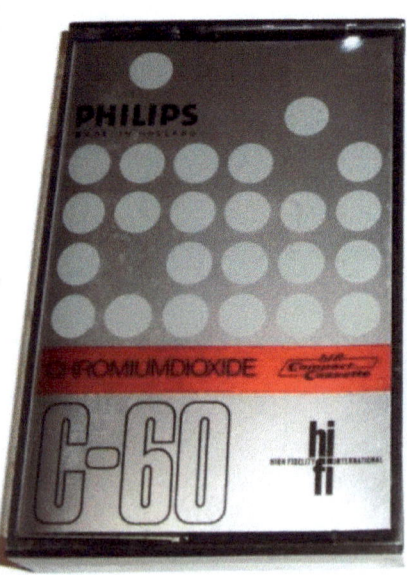

 **CASSETTE VORHANDEN**    **CASSETTE GESUCHT**

Ab 1975 folgte die nächste Generation:

 **CASSETTE VORHANDEN**  **CASSETTE GESUCHT**

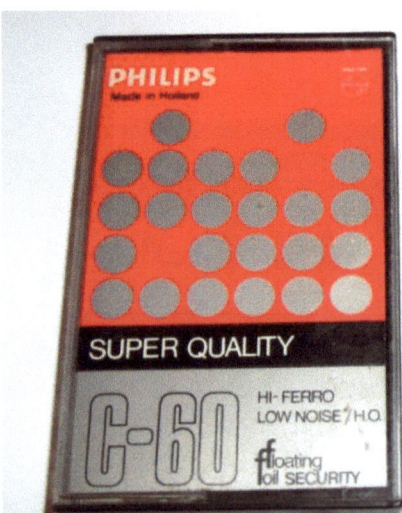

 **CASSETTE VORHANDEN**  **CASSETTE GESUCHT**

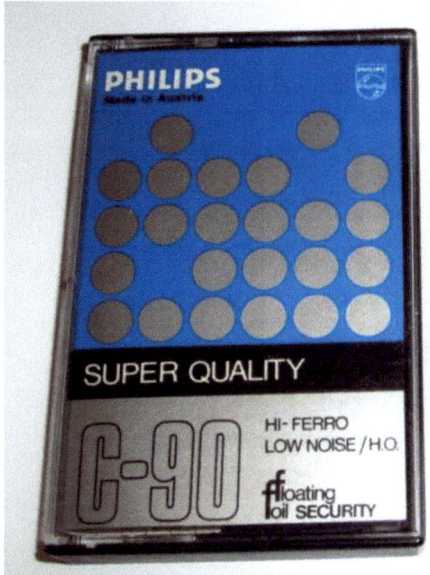

 **CASSETTE VORHANDEN**
 **CASSETTE GESUCHT**

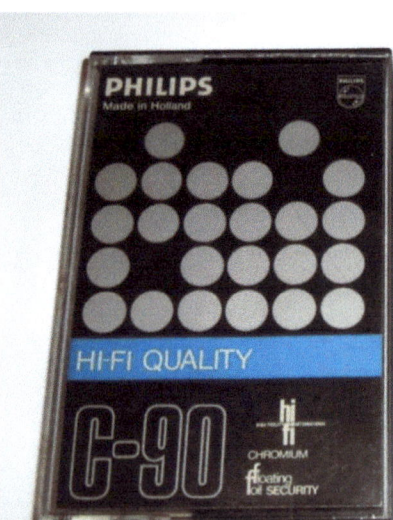

 **CASSETTE VORHANDEN**
 **CASSETTE GESUCHT**

1978 ging es dann mit einer weiteren Cassetten-Generation weiter. Wer übrigens eine Cassette der Schrauben/Muttern-Generation erworben hat und eine Schraube oder Mutter fehlt, der kann im Internet oder Baumarkt neue Schrauben und Muttern in Größe M2 erwerben. Die Schrauben haben die Größe 2x10 mm für die Schraube in der Mitte. 4 Schrauben haben die Größe 2x6 mm. Echte Cassetten der ersten Generation erkennen Sie daran, dass sie keine Löschnasen haben.

Die Preise der ersten Generation beginnen mit viel Glück bei etwas über 60 Euro und können bei 500 Euro enden, je nach Zustand. Die Cassetten lassen sich bei vorheriger Überprüfung noch gut abspielen und aufnehmen. Immerhin sind diese Cassetten jetzt 60 Jahre alt. Auch vorhandene Aufnahmen sind noch bestens. Hören Sie Beispiele in YouTube unter PHILIPS SÜLTZ. Dort hören Sie auch die wahrscheinlich welterste Aufnahme aus dem Jahr 1963 auf der Funkausstellung.

CASSETTE VORHANDEN   **CASSETTE GESUCHT**

 CASSETTE VORHANDEN

 CASSETTE GESUCHT

 CASSETTE VORHANDEN

 CASSETTE GESUCHT

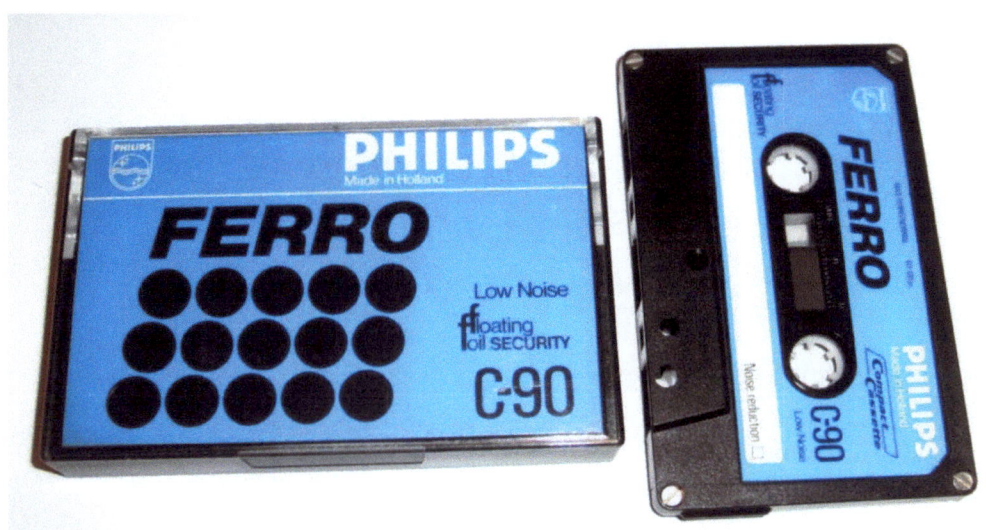

 **CASSETTE VORHANDEN**  **CASSETTE GESUCHT**

 **CASSETTE VORHANDEN**  **CASSETTE GESUCHT**

CASSETTE
VORHANDEN

CASSETTE
GESUCHT

CASSETTE
VORHANDEN

CASSETTE
GESUCHT

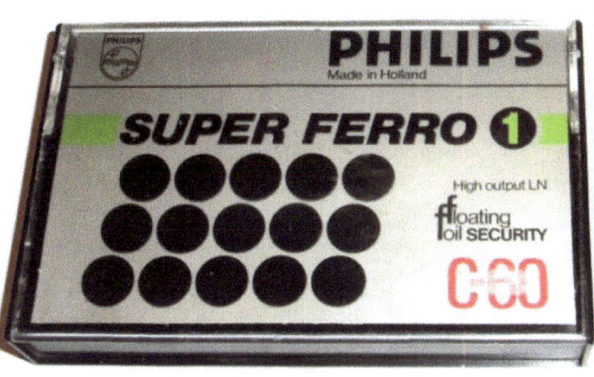

CASSETTE VORHANDEN   CASSETTE GESUCHT

CASSETTE VORHANDEN   CASSETTE GESUCHT

 CASSETTE VORHANDEN

 CASSETTE GESUCHT

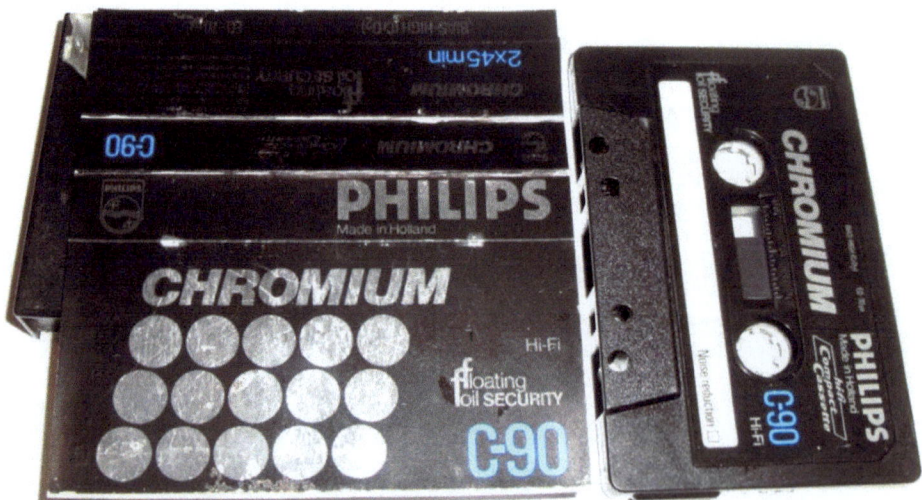

 CASSETTE VORHANDEN

 CASSETTE GESUCHT

CASSETTE VORHANDEN **CASSETTE GESUCHT**

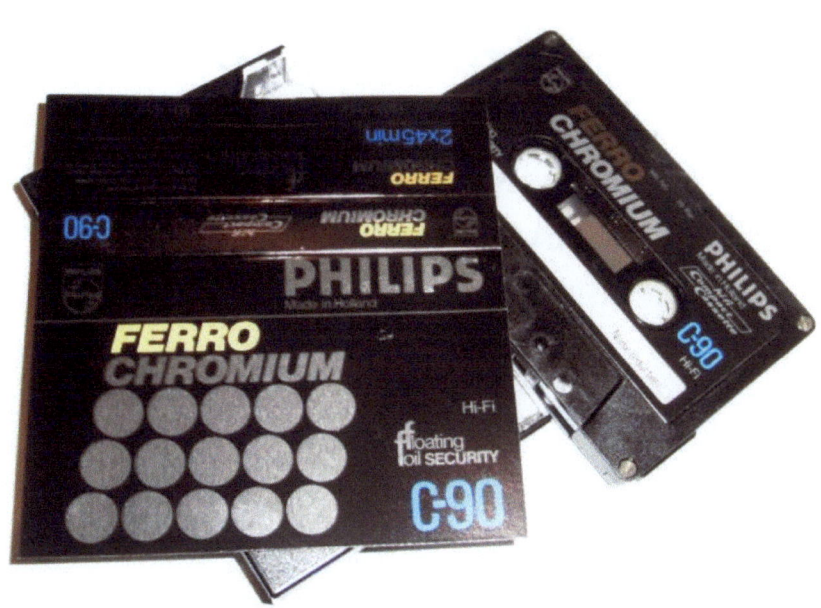

 **CASSETTE VORHANDEN**  **CASSETTE GESUCHT**

 **CASSETTE VORHANDEN**   **CASSETTE GESUCHT** C 60

 **CASSETTE VORHANDEN**    **CASSETTE GESUCHT** C 90

1981 wurde wieder eine neue Cassetten-Generation eingeführt.
Besonders die „Chromium 2 Studio Quality" ist gesucht.

 CASSETTE VORHANDEN

 CASSETTE GESUCHT

 CASSETTE VORHANDEN

 CASSETTE GESUCHT

 **CASSETTE VORHANDEN**  **CASSETTE GESUCHT** C 60

 **CASSETTE VORHANDEN**  **CASSETTE GESUCHT** C 90

 **CASSETTE VORHANDEN**  **CASSETTE GESUCHT**

 **CASSETTE VORHANDEN**  **CASSETTE GESUCHT**

 **CASSETTE VORHANDEN**  **CASSETTE GESUCHT**

**CASSETTE
VORHANDEN**

**CASSETTE
GESUCHT**

**CASSETTE
VORHANDEN**

**CASSETTE
GESUCHT**

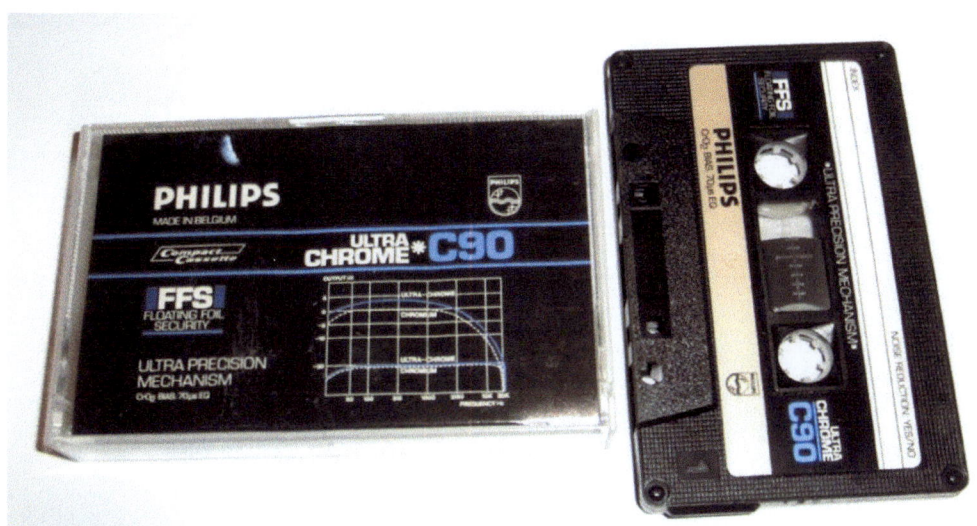

CASSETTE VORHANDEN

CASSETTE GESUCHT

CASSETTE VORHANDEN

CASSETTE GESUCHT

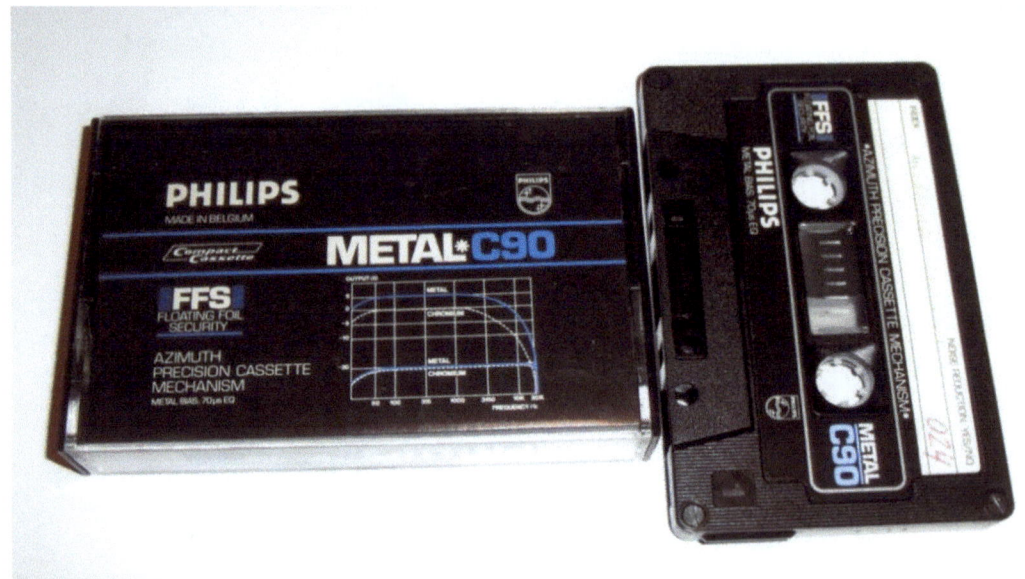

 **CASSETTE VORHANDEN**  **CASSETTE GESUCHT**

Weiter ging es 1984:

 CASSETTE VORHANDEN  CASSETTE GESUCHT

 CASSETTE VORHANDEN  CASSETTE GESUCHT

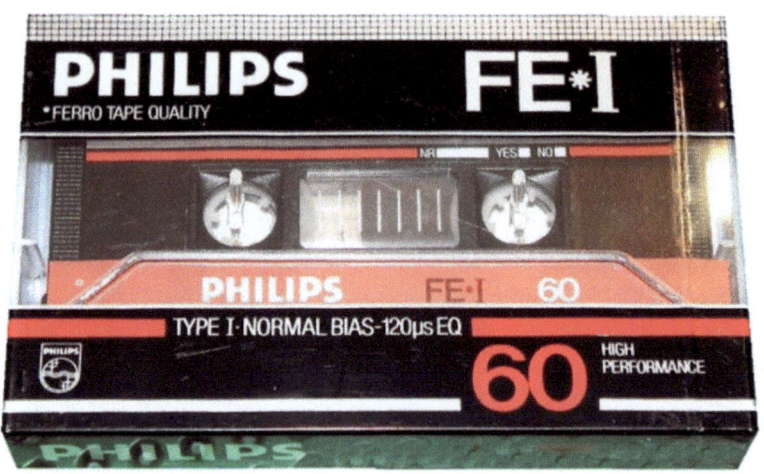

CASSETTE VORHANDEN

CASSETTE GESUCHT

CASSETTE VORHANDEN

CASSETTE GESUCHT

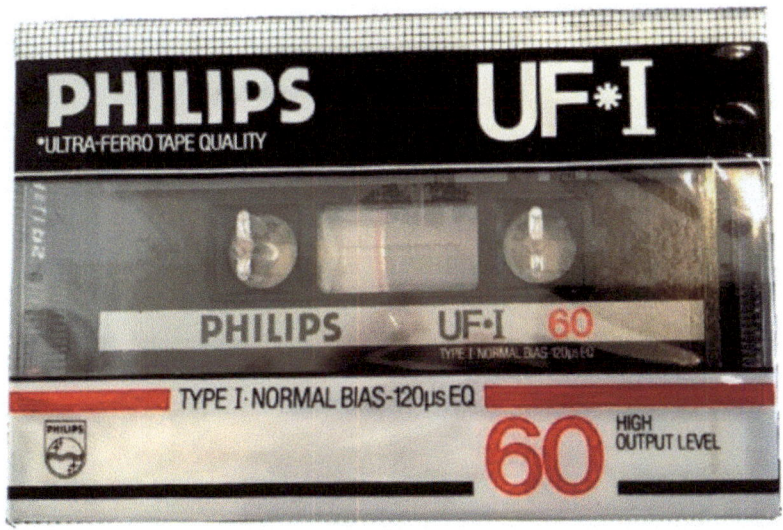

CASSETTE VORHANDEN CASSETTE GESUCHT C 60

CASSETTE VORHANDEN CASSETTE GESUCHT C 90

CASSETTE VORHANDEN
CASSETTE GESUCHT
C 60

CASSETTE VORHANDEN
CASSETTE GESUCHT
C 90

MC 2

CASSETTE VORHANDEN   CASSETTE GESUCHT   C 60

CASSETTE VORHANDEN   CASSETTE GESUCHT   C 90

ME4

CASSETTE VORHANDEN   CASSETTE GESUCHT   C 60

CASSETTE VORHANDEN   CASSETTE GESUCHT   C 90

1985: Ähnliche Cassetten, es gab nur feine Unterschiede.

 **CASSETTE VORHANDEN**  **CASSETTE GESUCHT**

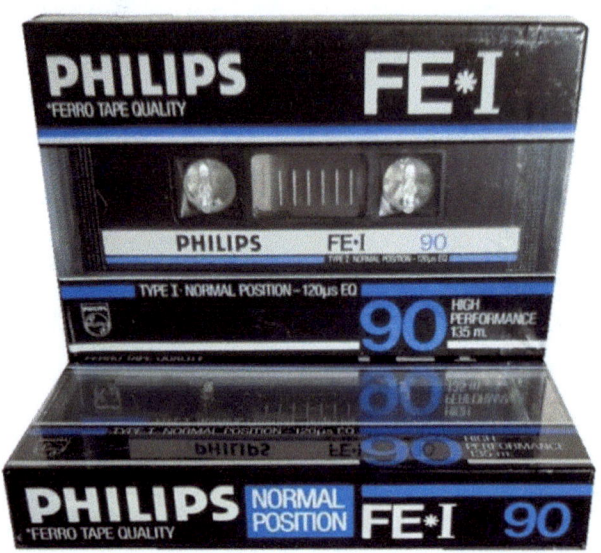

 **CASSETTE VORHANDEN**  **CASSETTE GESUCHT**

 **CASSETTE VORHANDEN**  **CASSETTE GESUCHT**

 **CASSETTE VORHANDEN**  **CASSETTE GESUCHT**

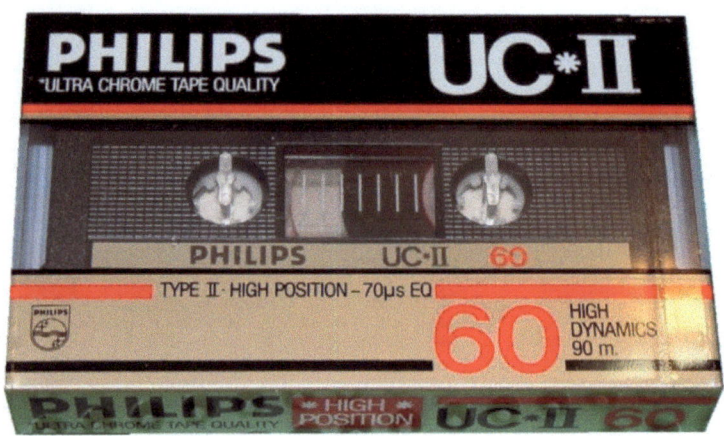

CASSETTE VORHANDEN   CASSETTE GESUCHT

CASSETTE VORHANDEN   CASSETTE GESUCHT

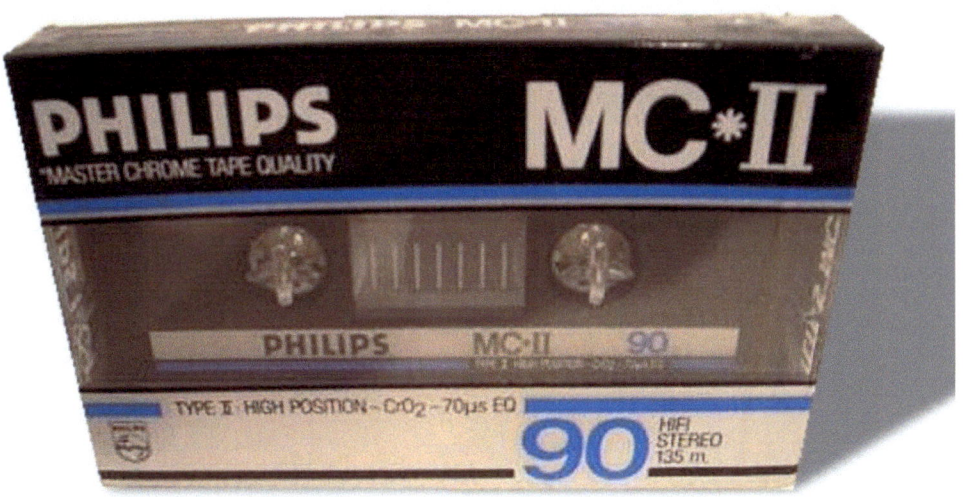

 CASSETTE VORHANDEN   CASSETTE GESUCHT   C 60

CASSETTE VORHANDEN   CASSETTE GESUCHT   C 90

1986 gab es dann wieder ein ganz neues Design. Auf Vollständigkeit kann ich natürlich keine Gewähr geben.

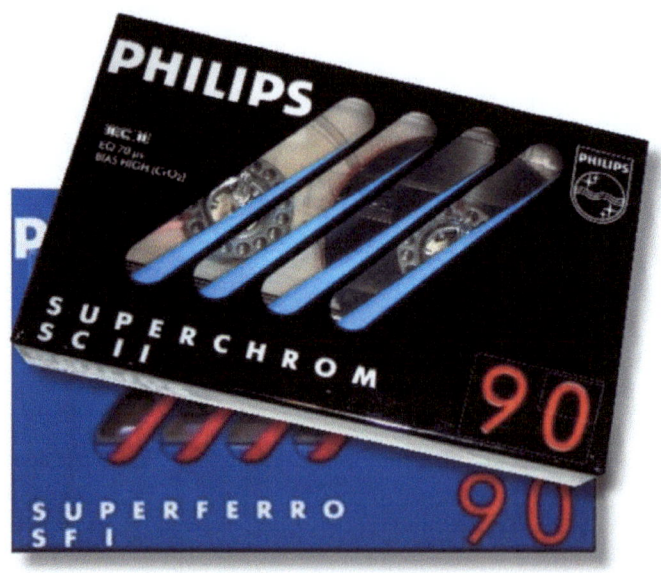

SUPERFERRO SF 1:

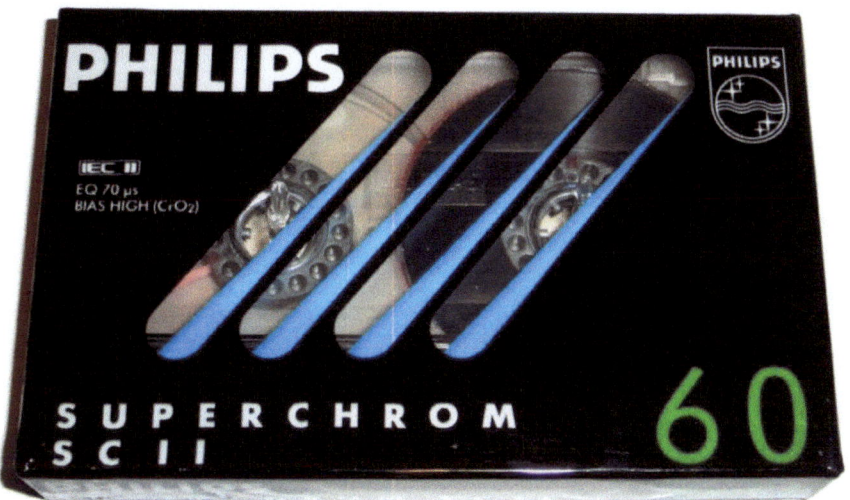

PHILIPS

IEC II
EQ 70 µs
BIAS HIGH (CrO₂)

S U P E R C H R O M
S C I I

60

 **CASSETTE VORHANDEN**  **CASSETTE GESUCHT**

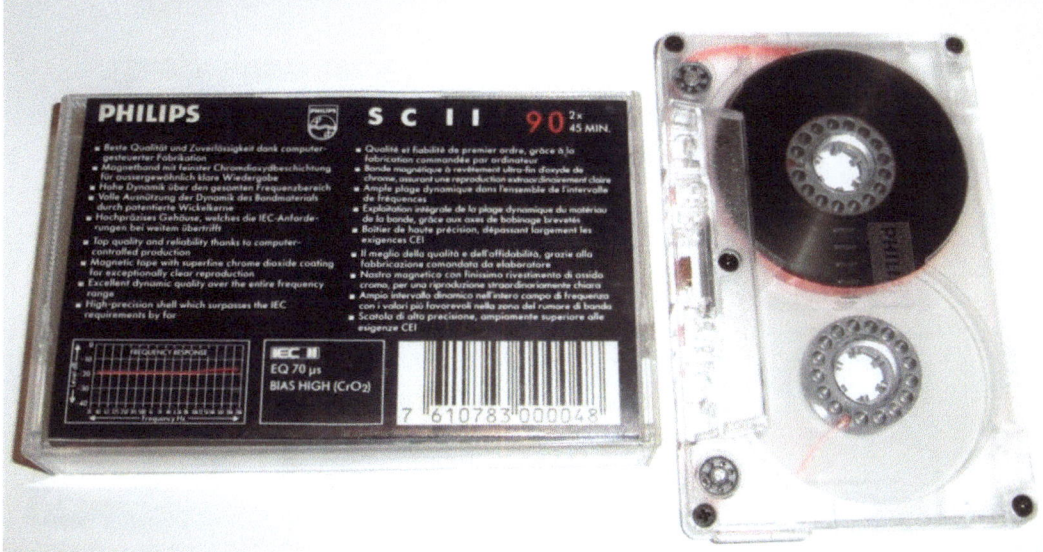

 **CASSETTE VORHANDEN**  **CASSETTE GESUCHT**

1987:

CASSETTE VORHANDEN   CASSETTE GESUCHT

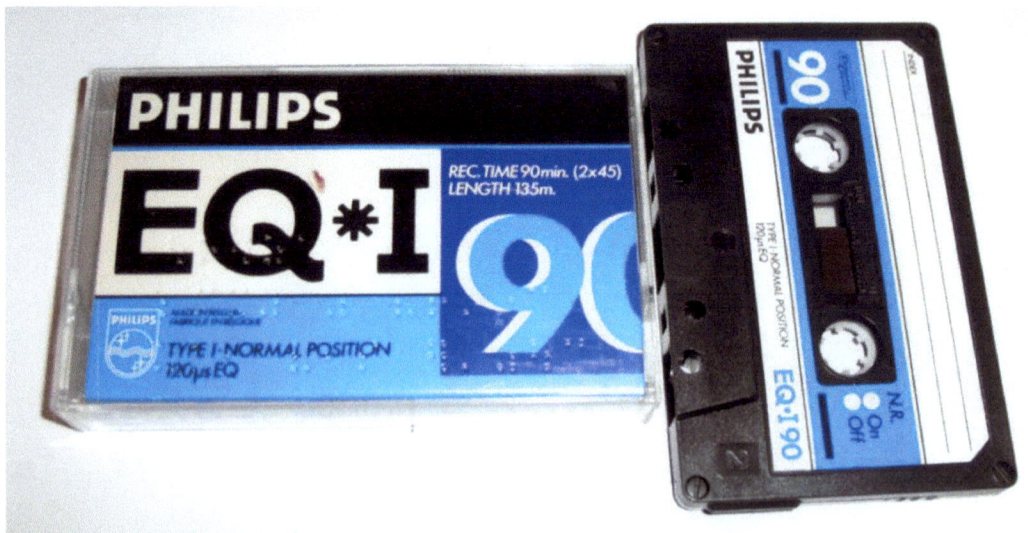

CASSETTE VORHANDEN   CASSETTE GESUCHT

1988:

 CASSETTE VORHANDEN    CASSETTE GESUCHT C 60

CASSETTE VORHANDEN   CASSETTE GESUCHT C 90

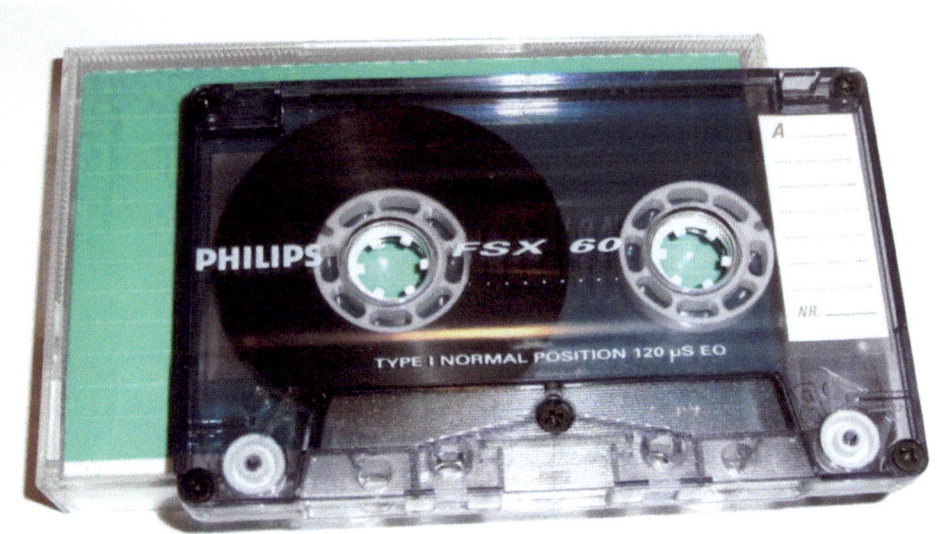

 **CASSETTE VORHANDEN**  **CASSETTE GESUCHT**

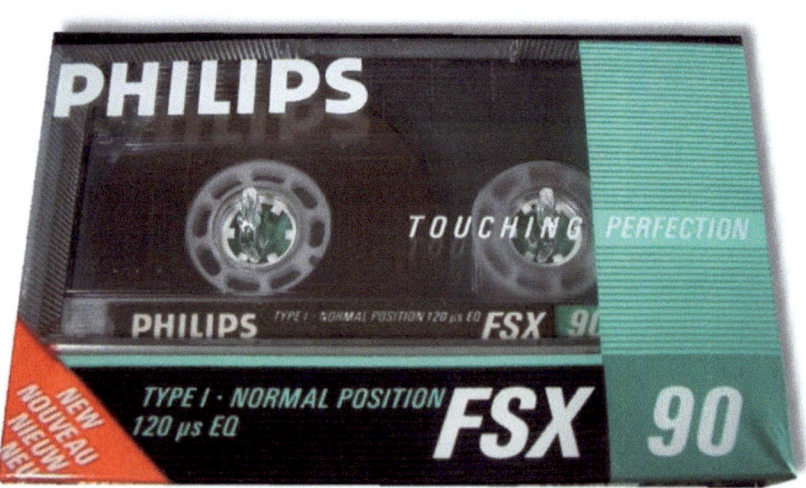

 **CASSETTE VORHANDEN**  **CASSETTE GESUCHT**

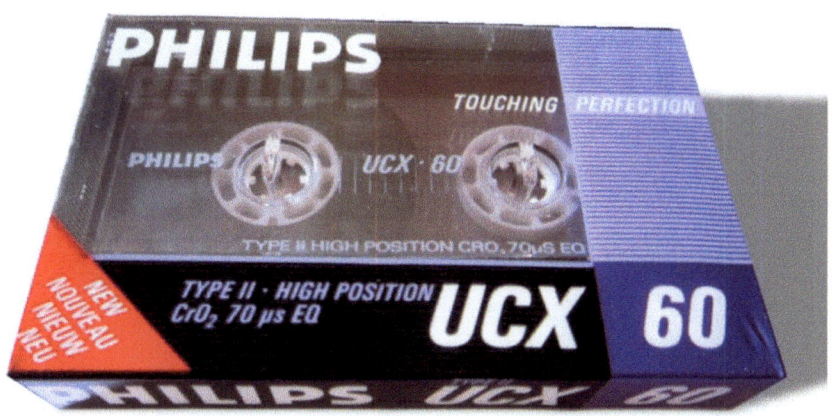

 CASSETTE VORHANDEN

 CASSETTE GESUCHT

 CASSETTE VORHANDEN

 CASSETTE GESUCHT

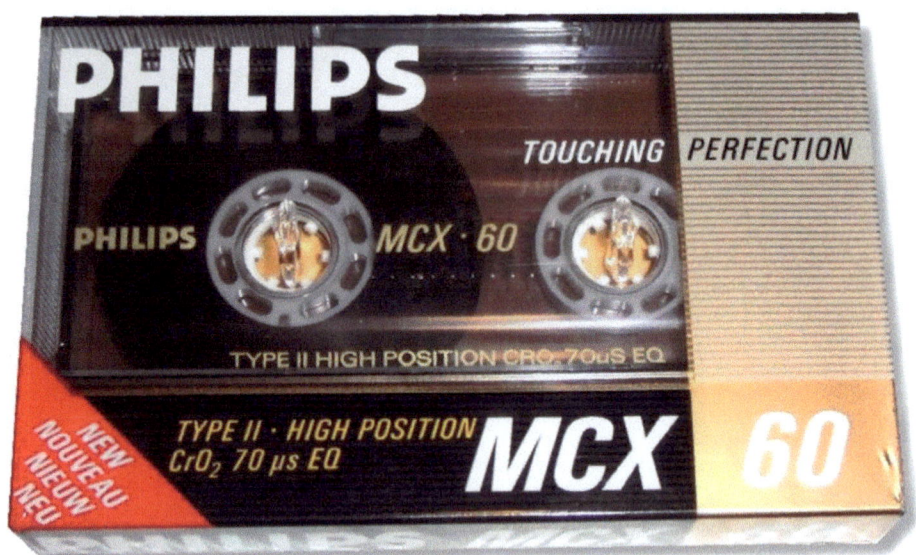

CASSETTE VORHANDEN   CASSETTE GESUCHT   C 60

CASSETTE VORHANDEN   CASSETTE GESUCHT   C 90

CASSETTE VORHANDEN   **CASSETTE GESUCHT** C 60

CASSETTE VORHANDEN   **CASSETTE GESUCHT** C 90

CASSETTE VORHANDEN   **CASSETTE GESUCHT** C 60

CASSETTE VORHANDEN   **CASSETTE GESUCHT** C 90

1989:

CASSETTE VORHANDEN   CASSETTE GESUCHT   C 60

CASSETTE VORHANDEN   CASSETTE GESUCHT   C 90

1990:

 CASSETTE VORHANDEN

 CASSETTE GESUCHT C 60

 CASSETTE VORHANDEN

 CASSETTE GESUCHT C 90

 **CASSETTE VORHANDEN**  **CASSETTE GESUCHT** C 60

 **CASSETTE VORHANDEN** **CASSETTE GESUCHT** C 90

 CASSETTE VORHANDEN

CASSETTE GESUCHT C 60

 CASSETTE VORHANDEN

CASSETTE GESUCHT C 90

PHILIPS

(Type II) 70µsEQ

Chrome Position I **Type II** 70µsEQ

MASTER **MCX** **60**

 **CASSETTE VORHANDEN**   **CASSETTE GESUCHT** C 60

 **CASSETTE VORHANDEN**   **CASSETTE GESUCHT** C 90

CD EXTRA:

| | CASSETTE VORHANDEN | | CASSETTE GESUCHT | C 60 |
| | CASSETTE VORHANDEN | | CASSETTE GESUCHT | C 90 |

PLUS METAL:

| | CASSETTE VORHANDEN | | CASSETTE GESUCHT | C 60 |
| | CASSETTE VORHANDEN | | CASSETTE GESUCHT | C 90 |

1994:

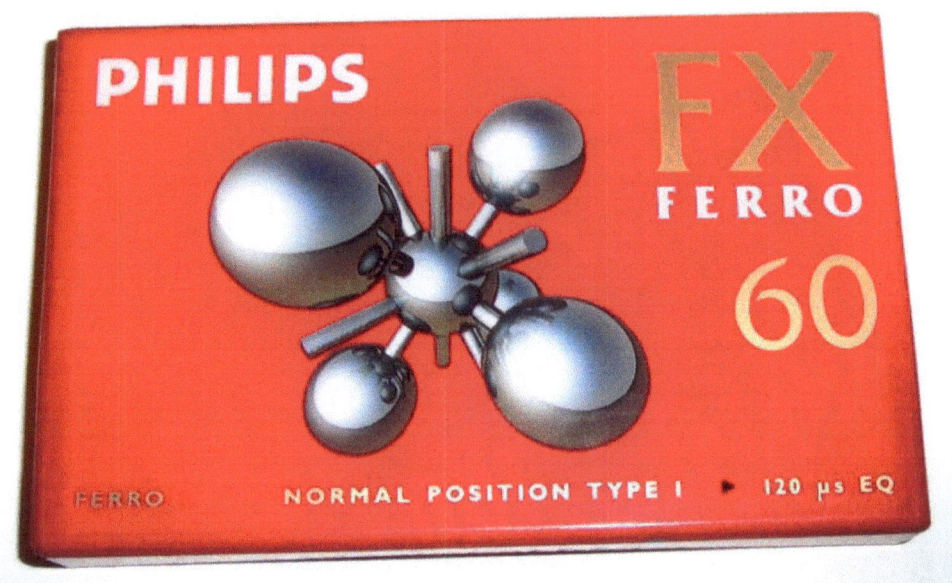

CASSETTE VORHANDEN   CASSETTE GESUCHT   C 60

CASSETTE VORHANDEN   CASSETTE GESUCHT   C 90

 **CASSETTE VORHANDEN**    **CASSETTE GESUCHT**

 **CASSETTE VORHANDEN**    **CASSETTE GESUCHT**

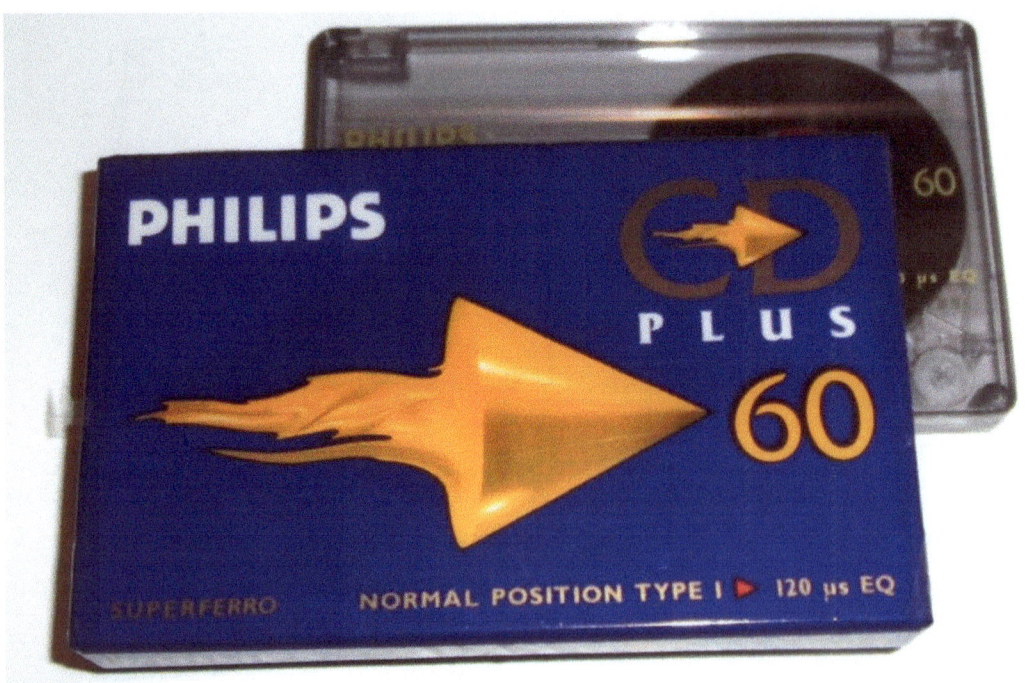

 CASSETTE VORHANDEN  CASSETTE GESUCHT  C 60

CASSETTE VORHANDEN CASSETTE GESUCHT C 90

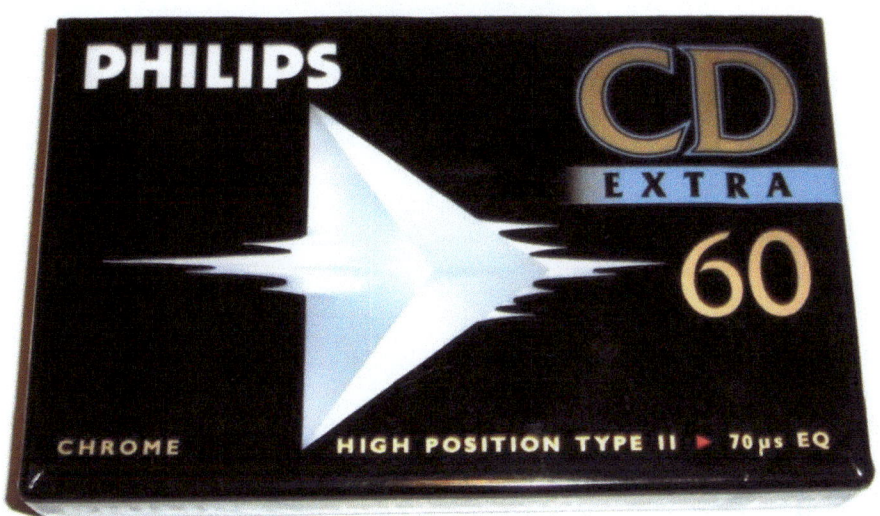

 **CASSETTE VORHANDEN**  **CASSETTE GESUCHT**

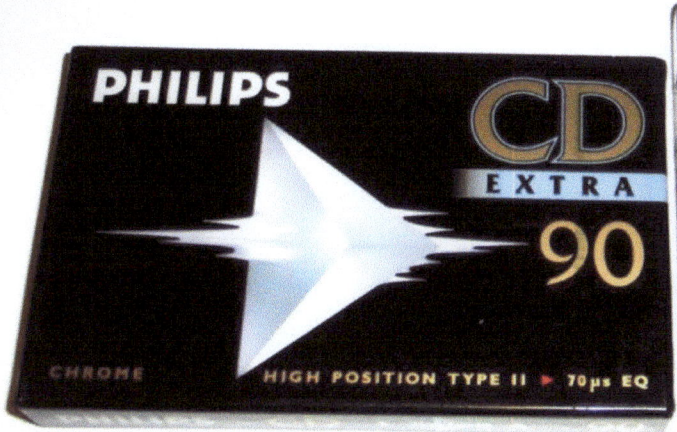

 **CASSETTE VORHANDEN**  **CASSETTE GESUCHT**

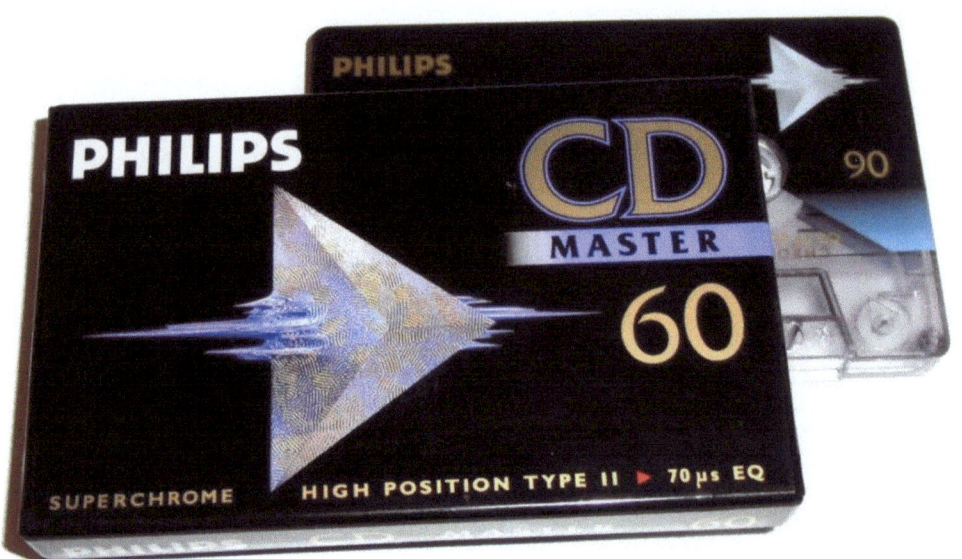

 CASSETTE VORHANDEN

CASSETTE GESUCHT C 60

 CASSETTE VORHANDEN

CASSETTE GESUCHT C 90

Ab 1997 brachte PHILIPS dann die letzte Generation auf den Markt:

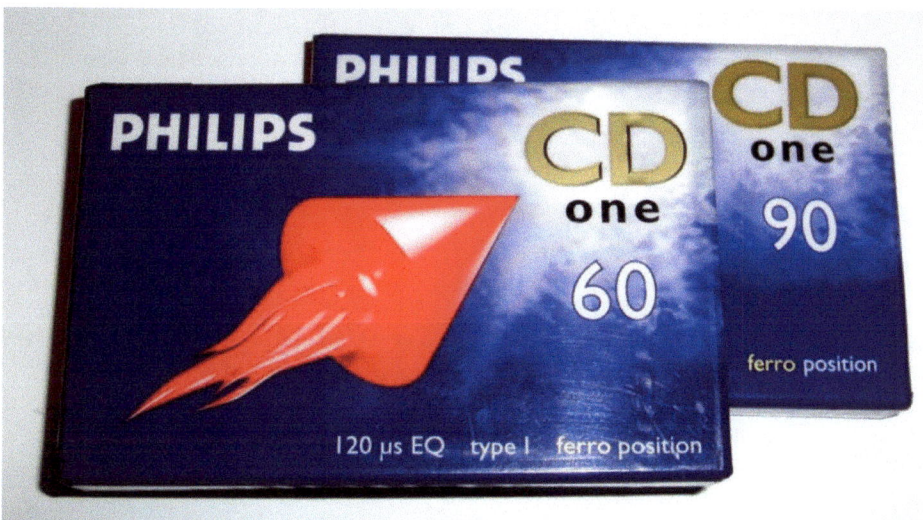

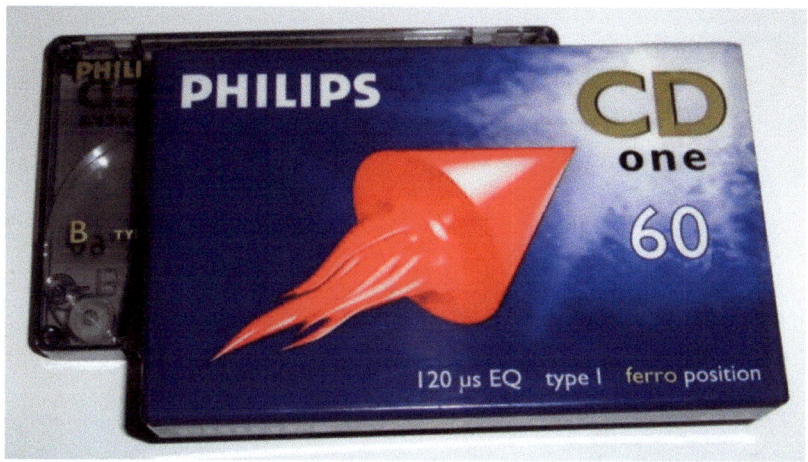

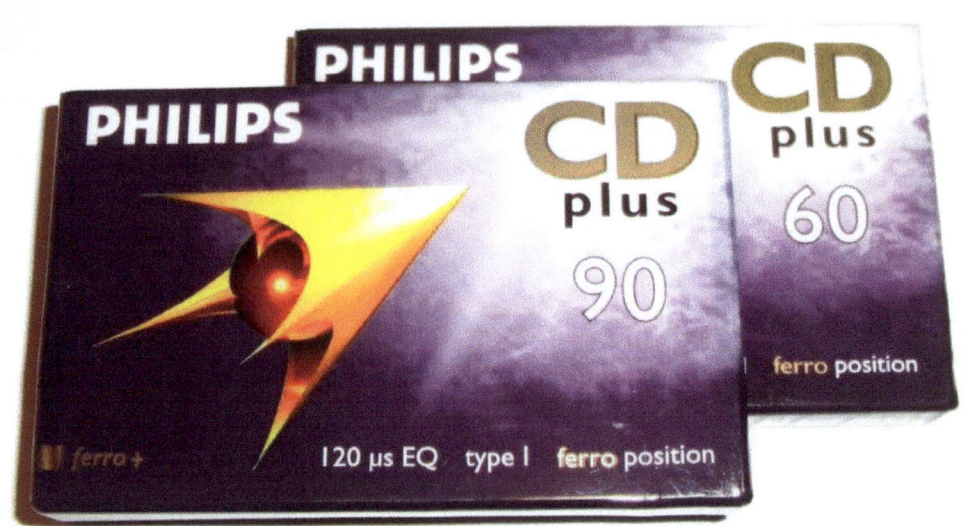

 **CASSETTE VORHANDEN**

 **CASSETTE GESUCHT**

PHILIPS Beigaben zu Recordern:

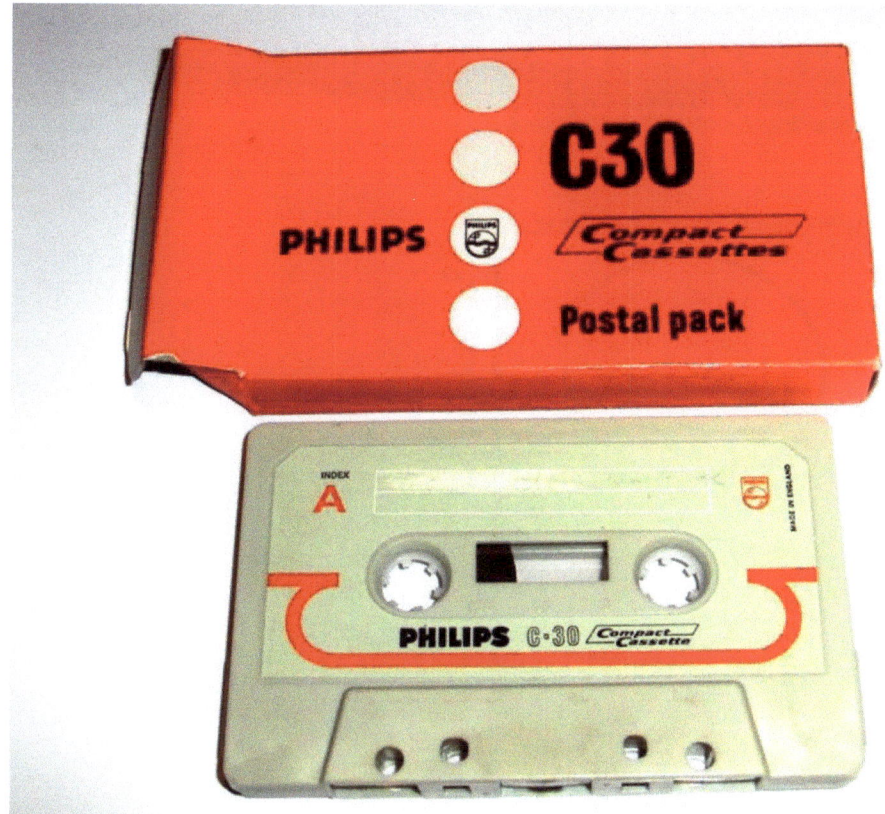

PHILIPS Produkte:

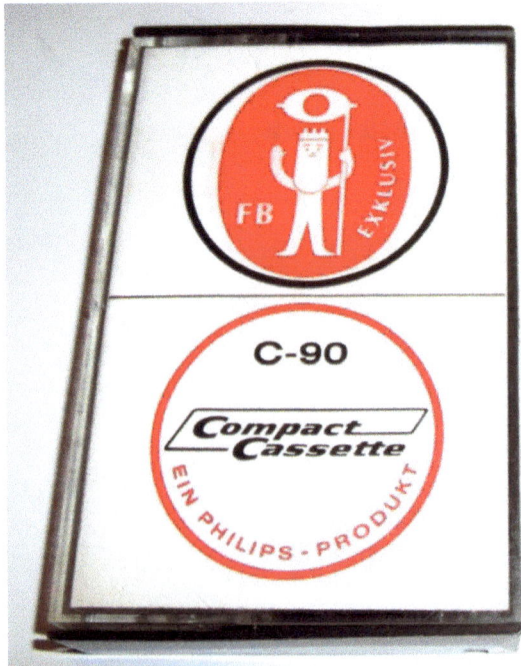 

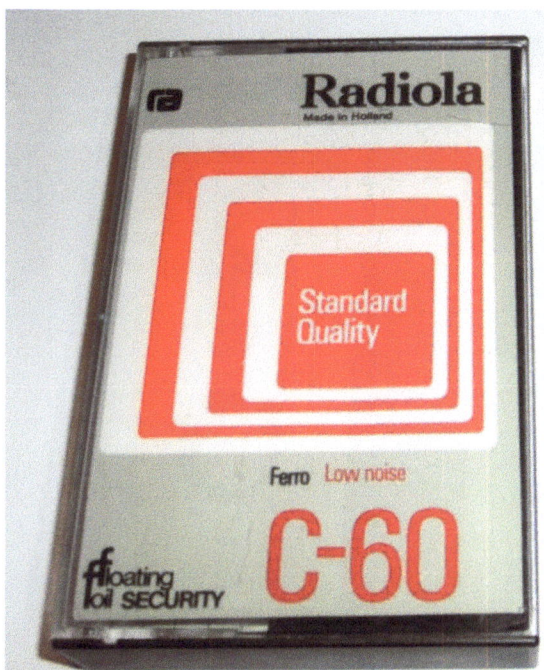

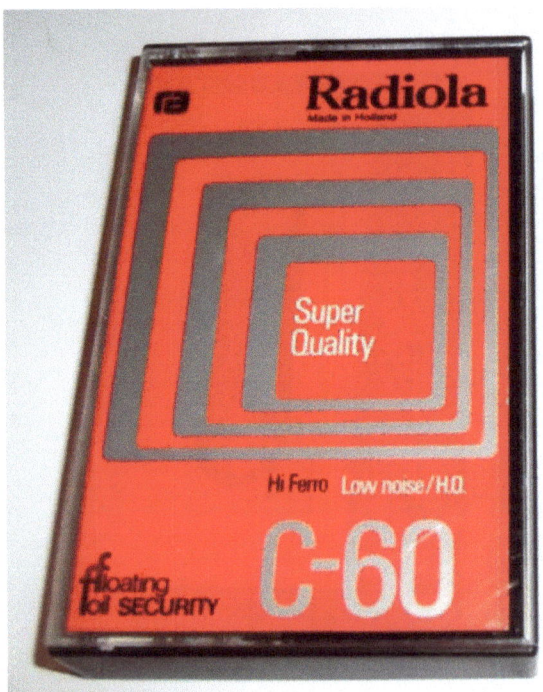

Als Abschluss des ersten Teils möchte ich sagen, die Compact Cassette lebt! Neue Cassetten werden immer noch produziert. Die Preise für ältere Markencassetten, die original verpackt sind, steigen. Bei Gebrauchtware müssen Sie Glück haben, wenn das Bandmaterial einwandfrei ist. Bei den Cassetten, die nur gesammelt werden, sind alle mit Schrauben und Muttern viel wert. Viel Freude bei diesem Hobby wünscht *Uwe H. Sültz*

Die Buchreihe 60 JAHRE PHILIPS RECORDER EL 3300

wird fortgesetzt.